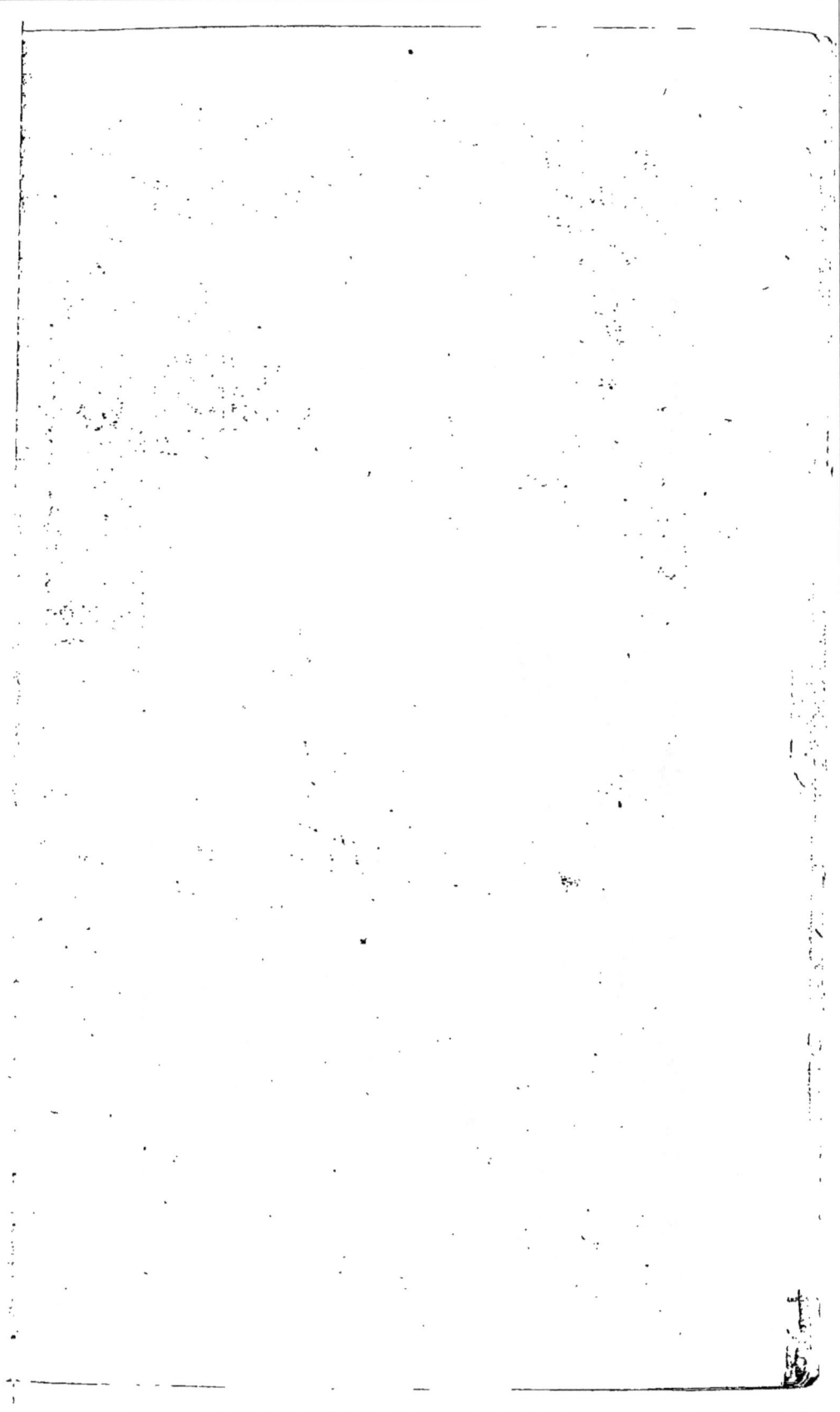

MARIE THERESIA ... ROM KEISERIN H LEB

VIRTUTE ... ESCIT ... TAMINATIS ...

J.C. Back del x sc. Francofurti d.3. Oct. 1757.

MEMOIRES

POUR SERVIR 'A

L'HISTOIRE

DES

CAMPAGNES

DE 1756. & 1757.

EN

ALLEMAGNE;

Par L. O. H.

REDIGEZ ET AUGMENTEZ PAR M. D. V.

A FRANCFORT ET LEIPSIG,

AUX DEPENS DE LA COMPAGNIE

MDCCLVIII.

HISTOIRE
DES CAMPAGNES
de 1756. & 1757.
EN BOHEME.

AVANT PROPOS.

Les faits inattendus ont droit de nous furprendre, mais notre admiration n'eft dûe qu'à l'enchainement des caufes qui les préparent. Parcourons l'hiftoire du Roi de Pruffe depuis un an. Quel tableau dans un petit efpace! que d'événemens refferrés dans un intervalle aufsi court! Quel dénoüement imprévu, mais étroitement lié aux faits qui fembloient le moins l'annoncer!

Ambitieux dans fes vûes, hardi dans fes travaux, ce Prince entreprend de fe créer une grandeur nouvelle fur les ruines d'un pouvoir auquel il doit le fien. Ces armées formidables qu'il femble n'avoir difciplinées que pour menacer par elles la liberté de fes Co-Etats, enflent fon courage & flattent fes efpérances. Le génie des Chefs, la valeur des Soldats, l'activité du Monarque, tout annonce des progrès brillans & rapides. La fortune

A

le

* V. l'Obferv. Holl. L. 30.

le feconde, la victoire marche devant lui; l'Allemagne tremble; la plûpart de fes Princes font confternés.

Déja les admirateurs de cette vertu guerriere qui étonne & qui éblouit, le mettent à côté de Guftave & de Charles XII. On oublie le motif de fes démarches, en faveur de l'éclat de fes fuccès. Ce font eux qui doivent décider de fa gloire.

Mais fa fortune n'eft encore qu'à la moitié de la carriere qu'il fe propofe, & la mefure de fes injuftices eft déja remplie. Alors il femble que fes yeux fe couvrent d'un nuage. Sa prudence l'abandonne, & la faute d'un jour rend infructueufe la profpérité de fix mois. Les derniers excès auxquels il s'eft porté, ont été le fignal de fes premiers malheurs.

Telle eft l'efquiffe d'un tableau, fur lequel toutes les Nations attachent aujourd'hui leurs regards : tel eft le cannevas d'une hiftoire digne de toutes nos refléxions. J'entreprends de le remplir; mais qu'on n'attende point de moi ces détails plus curieux qu'intéreffants, & qui amufent l'imagination fans nourir l'efprit. Je ne prétends point decrire tous les faits, & je ne les parcours que pour les faire

fervir

fervir de matiére aux obfervations les
plus importantes, peut-être même aux
leçons les plus utiles.

LA CAMPAGNE DE 1756. EN BÖHEME.

Auffi-tôt auprès la Capitulation de
Königftein, le Roi de Pologne, privé de
fes foldats & dépouillé de fes Etats, par
un Prince qui ne ceffoit de répéter qu'il
n'étoit point en guerre avec lui, étoit
parti pour Warfovie. Le Roi de Pruffe
alla bientôt joindre fon armée en Bohéme: fes ordres étoient déja donnés au
Maréchal de Schwerin. Secondé par les
confeils d'un auffi Grand Général, il fe
flattôit de marcher droit à Prague, où
il ne défefperoit pas d'établir fon quartier d'hiver.

„Mr. le Marechal Comte de Broune
„s'étoit pofté proche de Lowofiz, & l'oc-
„cupa le 30. Sept.

„Le Roy de Pruffe s'étoit tenu caché
„dans les Gorges & Montagnes d'Auffich
„& de Töplitz; & felon toutes les Ap-
„parences, il avoit formé le Projet de
„fuprendre le Comte de Broune. Ce qui
„autorife cette Conjecture, c'eft une Let-
„tre, qu'il a fait tomber entre les Mains

A 2   „des

„des Autrichiens, par laquelle il mar-
„quoit à Mr. le Marechal Comte de Schwe-
„rin, que les Saxons luy feroient perdre
„patience, fi la Negligence des Autri-
„chiens ne le confoloit du tems, qu'il
„perdoit avec le Piquet de Saxe. Il fei-
„gnit de croire Mr. le Marechal de Brou-
„ne encore à Kolin,& dans quelque coin de
„la Boheme il plaça Mr. le Prince de Pic-
„colomini; la rufe ne pouvoit en impo-
„fer qu'à des Novices: & fi les difpofi-
„tions, que le Roy de Pruffe fit en confe-
„quence, n'euffent pas été meilleures
„que fon ftratagême, fa reputation eut
„été enfevelie à Lowofiz; mais enfin les
„Autrichiens y avoient déja planté le
„Piquet avant d'avoir intercepté fa Let-
„tre, & ils fçurent dès le 30. l'après Mi-
„di, qu'il marchoit à eux avec toutes fes
„forces. On fe prépara au Combat, &
„le lendemain 1. Octobre, dès les trois
„heures du Matin les Avant Poftes com-
„mencerent à tirailler. Le Roi de Pruf-
„fe avoit profité de la Nuit pour garnir
„les hauteurs de la Gorge de Welmina, par
„les Depouilles des Arfenaux de Saxe:
„il y établit plufieurs batteries de groffe
„Artillerie. Son Infanterie deboucha par
„cette Gorge, & fe forma également fur
„les

„les hauteurs à droite & à gauche, fou-
„tenue par 12. Regiments de Cavalerie,
„chacun de 5. Efcadrons, & un de 10.
„Elle fit fes plus grands efforts contre
„la droite de l'Armée Autrichienne.

„Dès les 7. heures du matin le Combat
„s'engagea : la Canonade Pruffienne
„fut terrible; la Cavalerie Autrichienne
„la foutint avec une tranquillité admira-
„ble. La Cavalerie Pruffienne fe préfenta,
„elle deploya une nouvelle manoeuvre,
„& voulut operer dans les regles d'un
„Corps d'impulfion. Les bons vieux Cui-
„raffiers, & Dragons, fondirent bien fer-
„rés fur les Efcadrons Pruffiens, les rom-
„pirent à grands Coups de fabre, & les
„chafferent. Ils fe rallierent fous la Pro-
„tection du feu d'Artillerie, qui partoit
„des hauteurs, & revinrent à la charge;
„mais ils furent forcés une feconde fois,&
„fi malmenés, qu'ils fe retirerent enfin
„derriere leur Infanterie, & ne reparu-
„rent plus.

„Le Roi de Pruffe chercha à plufieurs
„reprifes à faire entamer l'Infanterie Au-
„trichienne, mais il fut toujours repouf-
„fé. Jamais combat n'a été foutenu avec
„plus d'ordre, de vivacité, & d'achar-
„nement.

A 3   „Mais

„Mais enfin le Monarque voyant qu'il
„ne pouvoit percer nulle part, redoubla
„ſes efforts contre une hauteur ſur la
„droite Autrichienne, garnie de Croates
„& de quelque Infanterie. Il reuſſit à
„mettre le feu, par des boulets rouges,
„à la petite Ville de Lowoſiz; & ayant
„mis, moyennant cet accident, les Troup-
„pes placeés ſur la hauteur en queſtion,
„entre le feu de l'Attaque & l'incendie de
„Lowoſiz, il les força à ſe replier ſur la
„plaine, & à lui ceder leur Poſte; ce
„qu'elles firent pas à pas & dans le meil-
„leur Ordre. Et c'eſt là à quoy ſe re-
„duit le Triomphe du Roi de Pruſſe, qu'il
„a fait annoncer en Saxe & à Berlin par
„24. Poſtillons, & par une infinité des
„Courriers, qui repandirent en Europe
„ſa prétendue Victoire. Il l'a payé de la
„perte de ſept à huit mille hommes de
„ſes meilleures Trouppes. Le feu ceſſa
„entiérement de part & d'autre à 3. heu-
„res de l'après midi, & les deux Armées
„demeurerent en préſence l'une de l'au-
„tre le reſte du Jour & toute la Nuit,
„chacune gardant le terrain qu'elle avoit
„occupé avant la Bataille. Le lendemain
„au grand Jour l'aile droite Autrichien-
„ne ſe mit en marche pour reprendre le
„ Camp

„Camp de Budin, & fut fuivie de l'aile
„gauche; & ce mouvement, ils ne le firent
„que pour fe râprocher de leurs Vivres,
„dont les chariots, comme cela arrive
„ordinairement, s'étoient retirés pendant
„la Bataille.

   „On ne perdit de part & d'autre ni
„Canons, ni Drapaux, ni Etendarts;
„& fi la Victoire n'attachoit fa gloire
„qu'au Nombre de fes Victimes, jamais
„Prince n'auroit été plus decidemment
„battu que l'a été le Roi de Pruffe à Lo-
„wofiz, puisque fes morts & bleffés vont
„au triple de ceux des Autrichiens, qui
„ne paffent pas 2 mille hommes: ceux-
„ci lui ont fait d'ailleurs plufieurs Cen-
„taines de prifonniers, & ils ont enterré
„fes morts.

C'eft ainfi que la prudence & l'activité du Maréchal de Broune arrêterent l'ex-
écution du projet, & forcerent le Roi
de Pruffe de renoncer à une entreprife
qui lui avoit paru facile. Bientôt il fait
rentrer fon Armée en Saxe, en difpofe
les quartiers à portée des gorges & des
paffages qui conduifent en Bohéme, &
revient à Drefde. Le Maréchal de Schwerin retire auffi fes Troupes, & leur donne
des quartiers dans le Comté de Glatz.

CONDUITE DU ROI DE PRUSSE EN SAXE PENDANT L'HYVER.

Le féjour du Roi de Pruffe à Dresde réduifit la Reine à une fituation encore plus trifte que celle dont elle avoit juf-ques-là effuyé tous les défagremens : on lui interdit la liberté d'envoyer des Cou-riers au Roi fon époux ; on lui ôte une partie de fon Palais : véritablement pri-fonniére elle ne peut voir que les perfon-nes fur lefquelles le Roi de Pruffe veut bien ne point concevoir des foupçons, & il en a fur tous ceux qu'elle honore de fa confiance. Dès le 14. Novembre le Comte de Broglie, Ambaffadeur de S. M. T. C. reçoit, dans le Palais même de cette Princeffe, un ordre de Sa Majefté Pruffienne, qui lui enjoint de quitter Dresde. Il laiffe auprès de la Reine un Agent, deftiné à la correfpondance fi le-gitime & fi naturelle d'une mere tendre avec une fille cherie. Cet Agent eft ren-voyé au bout de quelque tems & conduit au-delà de la frontiére. Privée de tout fecours, manquant fouvent du néceffai-re, cette augufte Princeffe eft réduite à retrancher fa table, afin de fournir aux befoins d'une foule d'Officiers réduits à l'indi-

Tab. XVII.

Situation
DU CAMP SAXON
entre Pirna et Koenigstein bloqué des Prussiens depuis le commencement du Septembre jusqu'au 13. Octbr.
1756.
del. par un Officier Saxon.

Echelle d'une heure

Ferchosen
Zschatzsche
Jolmen
Grunauschorch
Kopitz
Posta
Pratschwitz
Plauenbach
Pirna
Mockel
Oehlen
Hohnstein
Kl. Sedlitz
Dolina
Kohlberg
Zschenau
Wehlen
Gr. Sedlitz
Zelasten
Halbstadel
Krebs
Zuschendorf
Rottmendorf
Struppen
Lilienstein
Ebmo
Koenigstein
Schandau

Explication.

a. Quartier de S.M. le Roi de Prusse. b. Pont de l'armée Prussienne. c. Der Sachsen camp. d. ... e. ... f. attaque que les Prussiens ... les ... Prussiens ... Saxons. g. Ponte des Saxons. h. Pont ... i. ... l. les Sax. ...

a. ... Haupt-Quartier Ihro König. Maj. in Preussen. b. Kgl. Preuss. aufgeworffene ... c. Sächs. ... d. Communications-brücke der Preussen. e. Verhau u. ... f. Verhau ... Preussen. g. Sächsische brücken. h. Brücke ... i. ... l. Sächsische ... Lilienstein, ... Preussen ... Capitulation ihr Haupt-Quartier ... Ihro König. Maj. in Preuss. nach der Capitul. ihr Haupt-Quartier ...

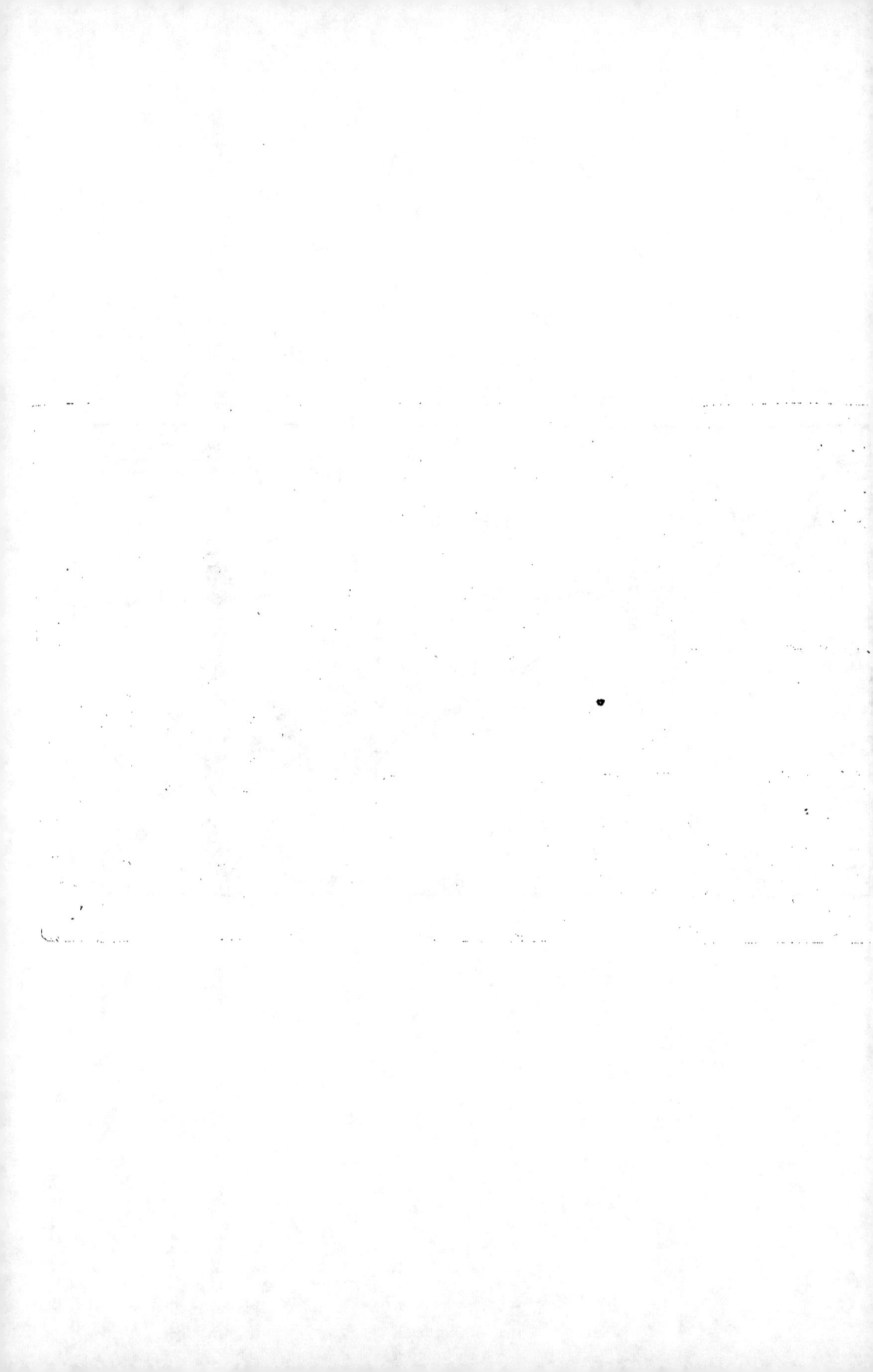

indigence, pour être demeurés fidéles à leur Souverain.

Pendant ce tems-là deux grands objets occupent S. M. Pruſſienne : le ſoin de ſe rendre maître de tous les tréſors de la Saxe, & celui d'augmenter ſes armées en épuiſant un Etat qu'il regarde comme un *Dépôt ſacré*.

Pour remplir l'un & l'autre projet, à quels funeſtes moyens a-t-il recours ? Il avoit fait ſaiſir tous les métaux,& tou-tes les proviſions qui étoient dans les ma-gaſins des mines. Il fait mettre le ſcellé ſur la monnoye de Dresde, & confie cel-le de Leipſick au Juif Ephraim : cet hon-nête-homme qui, lorſque les Saxons n'ont plus d'argent pour fournir aux contributions, veut bien en avancer pour eux, & recevoir pour la moitié de leur valeur, leurs effets & leurs meubles. Ce nouveau Directeur des monnoyes altere les eſpéces, & diminue leur poids : étran-ge & nouveau moyen de s'approprier l'or & l'argent d'un Etat & de ruiner ſon commerce ! (*a*)

A 5   D'un

(a) La différence des nouvelles eſpéces aux ancien-nes, eſt une perte de 20 pour cent ſur les gros,
de

D'un autre eôté les contributions re-
doublent, & fe levent avec une rigueur
dont il n'y a point d'exemple : tantôt ce
font des fubfides dûs à la protection que
S. M. accorde à l'Etat ; tantôt ce font
des *douceurs* que les Peuples doivent aux
foldats qui les écrafent : ici ce font des
fommes néceffaires pour l'habillement
des troupes; là des dédommagemens dûs
pour quelques uniformes que les Saxons
ont emportés. On multiplie les prétex-
tes, on aggrave les peines. Indépendamment des contributions(dont l'état eft
arrêté par le Directoire de Guerre, &
par les ordres de S. M,) chaque Commandant de Corps, chaque Officier Général eft le maître d'exiger ce qui lui
convient, & de punir arbitrairement l'indigence & l'impuiffance du malheureux. Si S. A. R. M. le Prince de
Pruffe

---

de plus de 29 fur les doubles gros, & de plus
de 36 pour 100 fur les piéces de 16 gros. Le
Juif Ephraïm a obtenu du Directoire le renou-
vellement de quelques anciens Edits, pour obliger les particuliers de porter leur or & leur argent à la monnoye , & un ordre pour fe faire délivrer les deniers dépofés à la caiffe de la
Steuer.

Pruſſe · veut bien fixer (*a*) ce qui doit
être fourni chaque jour à titre de *douceurs*, & aux Officiers ſubalternes, &
aux Soldats; il laiſſe une libre carriere à
la *diſcrétion*, c'eſt-à-dire à l'avidité de
l'Officier Général. Si ce Prince a la gé-
néroſité de déclarer que, *quoiqu'en ſa
qualité de Commandant Général, il puiſſe
porter ſes pretentions très haut; il veut bien
cependant ne rien exiger pour ſa perſonne:*
il a ſoin d'avertir en même-tems qu'il a
des *Adjudans Généraux*, qui ne ſont point
obligés au même déſintéreſſement; &
ceux-ci ſe font payer en deniers com-
ptants celui de S. A. R. Tous les autres
Cercles ſont également traités. On voit
de toutes parts ſur les chemins, des voi-
tures peſantes & chargées de l'or & de
l'argent des Peuples. C'eſt envain que
ceux-ci font au Monarque qui les op-
prime, les repréſentations les plus tou-
chantes: il ſemble toujours joindre dans
ſes réponſes l'ironie à la rigueur; on
diroit qu'il veut inſulter froidement des
malheureux, dont ſes troupes dévorent
la

(*a*) Déclaration du 16 Novembre 1756. & adreſ-
ſée au nom de S.A.R. aux louables Etats du
Cercle de Baudiſlin.

la fubftance. Ainfi pour juftifier le chan-
gement & l'altération des monnoyes, qui
excitent les cris de tous les ordres de l'E-
tat, il répond *qu'il veut laiffer au Roi de
Pologne, lorfqu'il rentrera dans fes Etats,
un plan d'adminiftration* PLUS PROFITABLE.
Ainfi une Ville qui a obtenu d'être dé-
chargée d'une contribution énorme, à
condition qu'elle recevroit & nourriroit
un certain nombre de troupes, eft enfui-
te condamnée à payer à ces troupes à titre de *douceurs*, & indépendamment de
la fubfiftance, une fomme qui excede de
beaucoup la contribution qu'elle avoit cru
éviter. Le Prince Royal de Saxe hazar-
de-t-il une lettre pour obtenir quelque
adouciffement à tant de rigueurs? S. M.
Pr. ne lui répond, *qu'en le priant de ne
point abufer de fon* INDULGENCE. (a)

Les recrues fe levoient pendant ce
tems-là dans tous les Cercles de la Saxe,
avec la même cruauté que les contributions. On a vû autrefois les Romains fe
faire des citoyens de tous les habitans des
Provinces conquifes, qu'ils avoient ac-
coutu-

(a) V. cette Lettre dans la Gazette d'Utrecht,
No. 22.

coutumés à leur Gouvernement; mais on ne les a point vûs s'aveugler fur leurs propres intérêts, au point de chercher parmi des peuples opprimés & mécontens, des défenfeurs & des appuis de leur République : Rome eût été mal défendue, fi elle eut créé des Legions mi - parties de Parthes & de Gaulois, & fi elle eut été réduite à enchaîner fes Soldats jufqu'au moment où il falloit les envoyer à l'ennemi.

Tel eft cependant, le fpectacle que le Roi de Pruffe a donné à l'Allemagne. Chaque Cercle de l'Electorat de Saxe étoit forcé de fournir à un jour indiqué un certain nombre de foldats : il falloit enlever le laboureur à fa charue, le marchand à fon commerce, l'époux nouvellement marié à fon époufe en pleurs. Le Magiftrat ferme, qui refufoit de fe prêter à ces cruautés, ou celui qui plus foible, ne pouvoit avec tous fes foins completer le nombre de ces malheureufes victimes, étoit mis aux fers & menacé de la mort. Les prifons étoient pleines de citoyens : au mois de Janvier on arrêta dans la Ville de Dresde par ordre du Commandant Pruffien, une foule d'artifans & d'enfans de famille, qui d'abord enchaî-

enchaînés, ne pouvoient obtenir leur liberté, qu'en promettant de porter les
armes pour l'ennemi de leur Souverain.
On alla, dans de certains villages (*a*),
jufqu'à tirer fur les habitans qui fuyoient.
Un Juge voulut s'oppofer à cette violen-
ée; une mere tâcha de défendre fon fils:
le Juge fut bleffé par les foldats Pruffiens,
& l'enfant tué fous les yeux de fa mere.
A Leipfick on enleva une multitude de
bourgeois: on les voyoit attachés deux à
deux, fur des chariots découverts, efcor-
tés par des foldats fous les armes, & fui-
vis de loin par leurs peres, leurs femmes,
leurs enfans, qui rempliffoient l'air de
leurs cris. Menoit-on ces infortunés au
fupplice? Non: ces bras chargés de fers
étoient deftinés à fervir un nouveau Maître, dont ils déteftoient les rigueurs. Tels
étoient les foldats dont on recrutoit les
troupes Pruffiennes: on ne leur ôtoit
leurs liens que pour leur mettre les armes à la main.

Auffi, le Roi de Pruffe les regardoit-
il moins comme un renfort pour fon Armée, que comme un efpéce de nantif-
fement qui lui affuroit de nouvelles fommes.

(*a*) A Lifsdorff, Gaz. d'Utrecht, No. 20.

mes.   Difons mieux, c'étoient des captifs inutiles, qu'il devoit revendre à leur
patrie; il fe faifoit même payer d'avance le prix de leur liberté.   Leurs biens-
fonds étoient vendus par fes ordres.
L'argent que l'on en tiroit paffoit dans
les coffres de leur nouveau Maître. Ceux
qui n'ayant rien ne pouvoient mettre
leur rançon en dépôt entre fes mains,
venoient-ils à fe délivrer de leur captivité par quelque action de vigueur? leurs
malheureux concitoyens étoient forcés
de payer eux-mêmes des taxes énormes,
à titre d'indemnité. Eft-il étonnant
que la Saxe ne paroiffe aujourd'hui qu'un
vafte défert, dans lequel on ne trouve
que des veftiges de défolation & de mi-
fere, les villages abandonnés, les terres
incultes, les grandes forêts coupées &
dégradées, des malheureux errans dans
la campagne, & n'affouviffant leur faim
que de ce qu'ils peuvent encore ou arra-
cher à leurs compatriotes opprimés, ou
dérober à leurs vainqueurs avides? Telle
eft l'idée que l'on doit fe former de cet
Etat, que le Roi de Pruffe regarde comme
un *dépôt facré* entre fes mains.

Les Gazettes étrangères ont publié,
que c'étoit par de telles reffources que le
Roi

Roi de Pruffe avoit trouvé le moyen de porter l'état de fes troupes jufqu'à 200000 hommes. Je ne voudrois pas garantir la fidélité de ce calcul; mais je demande à tout homme fenfé, de quelle force peut être une armée, dont la moitié eft fans ceffe occupée à maintenir l'autre fous le joug. Eft-ce un peuple d'efclaves qui fait la force des Rois? Non, c'eft la foumiffion volontaire, c'eft l'amour du Prince & le zèle du citoyen, qui entretiennent la fubordination même dans les armées; & quel fond peut-on faire fur des foldats, qui dans un jour de bataille ne cherchent chacun en particulier qu'à fe garantir du danger, & font en fecret des vœux pour la deftruction du pouvoir injufte fous lequel ils gémiffent?

Auffi avons-nous vû plufieurs de ces Régimens, que S.M. Pruffienne avoit crû s'attacher, en faifant prophaner par fes Aumôniers l'augufte cérémonie du Serment Militaire, fe foulever contre la violence, dès qu'ils ont pû imaginer qu'elle feroit plus foible que leur zéle. La gloire du Régiment de Frédéric Augufte, & le nom du brave *Richter* vivront long-tems dans les faftes de l'Electorat
de

de Saxe (*a*). Le bataillon du Prince Xavier, qui vainqueur des Prussiens, vint offrir à son légitime Souverain, des armes encore teintes du sang de ses Ennemis, méritera dans tous les tems les éloges dûs au courage, à la vertu, & à la fidélité. Que de Saxons ont depuis imité cet exemple! Disons mieux, en est-il quelqu'un, qui libre de retourner au service de son Maître, lui ait préféré celui de Sa Majesté Prussienne? On a osé appeler *desertion* ce retour si naturel de l'esclavage à la liberté.

B   Je

(*a*) Ce Regiment avoit été mis en quartier à *Lubben* & à *Guben* : il fut depuis commandé pour se rendre à Berlin ; on le désarma avant de le mettre en route, & on le fit marcher par deux chemins différens. L'une des deux troupes eut le bonheur de rencontrer les Chariots qui portoient les armes. Alors elle ne consulte que son courage, fond sur les conducteurs des équipages, les met en suite & s'empare des armes & des munitions. Ils vont joindre ensuite leurs Camarades à qui ils rendent leurs armes, chassent leurs Officiers, & prennent tous ensemble la route de la Pologne, commandés par le Sergent *Richter*. Ils furent souvent aux prises avec un détachement Prussien qui les poursuivoit : ils arrivèrent enfin heureusement sur la frontière de Pologne. *Richter* fut fait Capitaine par S. M. Pol.

Je paſſe rapidement ſur ces événemens funeſtes, comme on paſſe ſur des ruinés au - delà deſquelles on s'imagine trouver un pays moins ingrat. Mais toute cette affreuſe hiſtoire ne préſente que des malheurs. Le Roi de Pruſſe las ſans doute des violences qui ſe commettent en ſon nom, ſe flate de mériter en Bohéme celui de conquérant. Mais ce titre ſi cher à l'ambition, ne peut couvrir, par la gloire même qui accompagne le vainqueur, que les projets d'un injuſte aggreſſeur.

CAMPAGNE DE 1757. EN BOHEME.

Sur la fin du mois de Février, le Major Général Dingersleben fit aſſembler tous les Officiers Saxons qui étoient à Dresde priſonniers de guerre. Il leur ordonna de quitter cette capitale avant le 17. Mars, & de ſe retirer les uns à *Wittenberg* & à *Lubben*, les autres à *Guben* & à *Eisleben*, d'où il leur fut défendu de ſortir ſans une permiſſion expreſſe de Sa Majeſté Pruſſienne. Ces braves & malheureux guerriers avoient juſques - là ſubſiſté des bienfaits de la Reine, qui les nourriſſoit de ſa table.

Privés

PLAN DES ENVIRONS DE PRAGUE, & de la BATTAILLE qui y fut livrée le 6 Mai 1757.

A. Camp de l'Armée du Pr. Charles de Lorraine, le 2. B. sa position le 3. sur le Zyska. C. Reprendu par 3. batteries formidable. D. Position de l'Armée du R. de Prusse le 3. K. 4. à Pockabka. L. & Sedes. M. où elle passa la Moldau le 5. Rien presqu'aucune, opposition. Pola part has trouvés. N. O. passage de l'autre côté. E. L'Armée du Conte de Schwerin, &c. celle du R. de Prusse qui se joignent, & passerent le Mein à vis de celle de la P. Charge, qui se retire de C en B. avec parte de fer. s. batteries surwaues, tandis que M. Louinse y Synne en G. Major. L'aile Droite comandée par le C. de Brown, en L. laquel après un carnage acharné de 3. heures se voyent par l'approche du R. de Prusse en X, mis entre deux feux, & coupé de l'aile gauche, & du Corps de Reserve, fut obligé de ceder le Champ de Battaille.

Y. L'adroit s'écarpa, ou le Gen. Lieut. T. qhaya couvrir le passage la Moldau. Q.R.S.T.U. Batteries qui ont servi à bombarder Prague, jusqu'à ce que le Siège fut levé le 19. Juin.

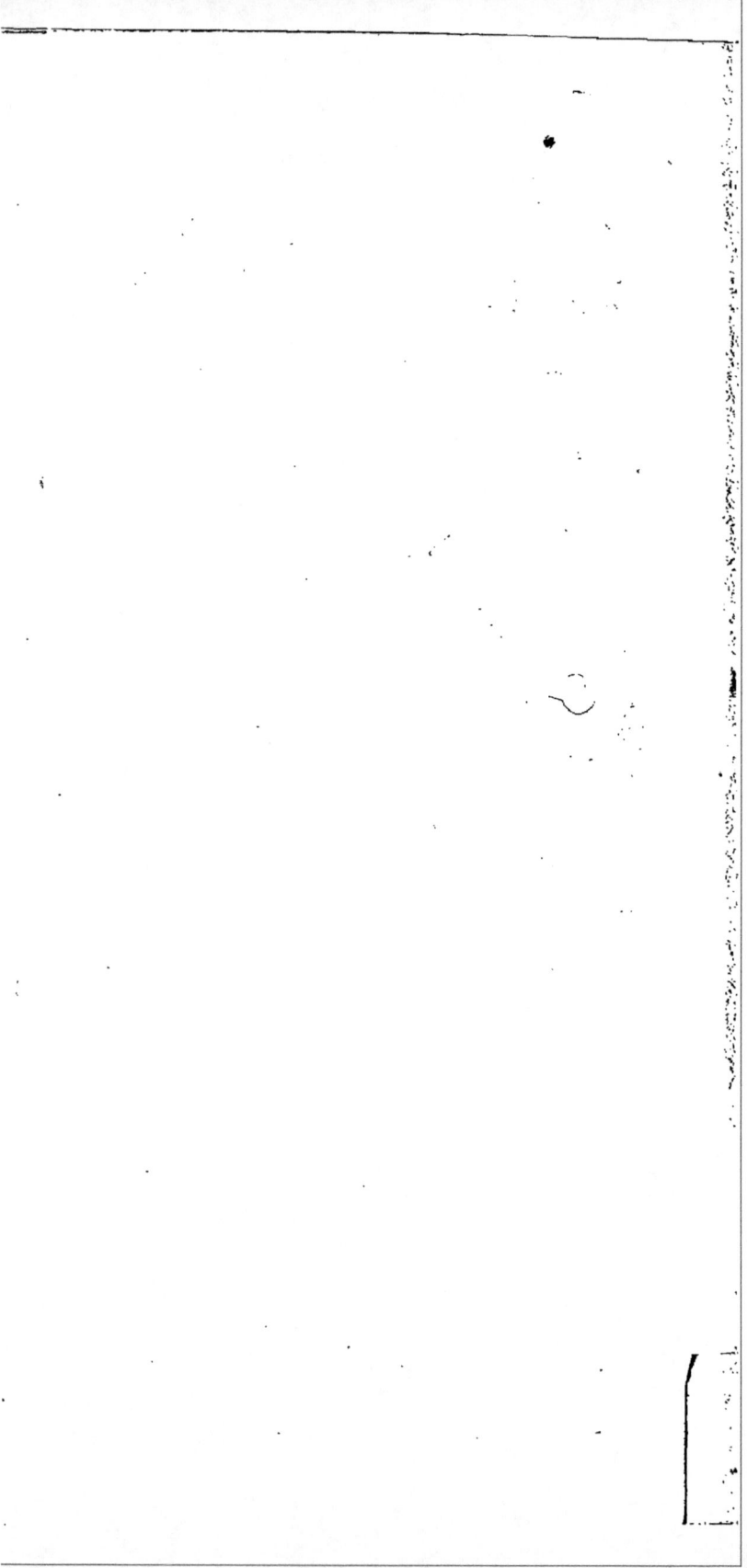

Privés de cette reſſource unique, ils ſe trouvoient réduits à. la plus déplorable extrémité : leurs repréſentations furent inutiles; il fallut obéir.

Cette injuſtice affligea plus ſenſible-ment la Reine de Pologne, que la dureté des procédés qui n'augmentoient que ſes propres beſoins : il y avoit long - tems qu'elle ne recevoit plus aucune portion de ſes revenus; dont le Roi de Pruſſe s'é-toit emparé, & il en convient lui-même dans un Ecrit publié pour ſa juſtification (a). Au mois d'Avril il reſſerra encore la captivité de cette Princeſſe. Il raſſem-bla auprès d'elle les Princes ſes enfans, qui avoient juſques-là logé dans un pa-lais particulier; déſarma la Garde-Suiſſe qui avoit toujours veillé à la ſûreté de la Maiſon Royale, & lui ſubſtitua un déta-chement de Grenadiers Pruſſiens, qui eut ordre de ne laiſſer entrer que les per-ſonnes néceſſairement attachées au ſer-vice des perſonnes Royales. La Com-

B 2   teſſe

(a) V. l'Ecrit intitulé Refutation, &c. & la Gaz. d'U-trecht N, o. 29.

    Dans cet Ecrit, après avoir fait le compte du peu que la Reine de Pologne avoit reçu dans les com-mence-

teſſe de Bruhl venoit d'être rénvoyée avec indignité(a) ; le Comte de Wacker-barth–Salmour, Miniſtre d'Etat de Sa Majeſté Polonoiſe, & Grand Maître de la Maiſon du Prince Royal, avoit été conduit à la citadelle de Cuſtrin ; malgré ſon grand âge & la conſidération dûe à ſa perſonne & à ſa dignité.

Tels étoient les adieux que le Roi de Pruſſe faiſoit à la Reine de Pologne, en s'éloignant de Dresde. Déja toutes les meſures étoient priſes pour entrer en Bohéme. Les plus belles forêts de la Saxe avoient fourni des faſcines en abondance. Tous les chariots, tous les chevaux du pays avoient ordre de ſuivre l'armée. Déja elle étoit raſſemblée dans le Voirgland, & partagée en trois corps qui devoient prendre chacun une route ſéparée, & dont les mouvemens étoient tous concer-

mencemens, on ajoute : *Mais depuis que le Roi de Pologne a fait joindre ſes troupes à l'armée Autrichienne . . . . depuis qu'il a ainſi commencé à agir en ennemi déclaré, trouvera-t-on étrange que le Roi ceſſe de* fournir *aux beſoins d'une Cour auſſi mal intentionnée pour elle, que l'eſt celle de Dreſde ?*

(a) V. le Suppl. de la Gaz. d'Utrecht, No. 34.

concertés avec ceux que devoit faire le corps de troupes qui étoit en Siléfie. Le Roi de Pruffe arrivé à *Lockowitz*, donnoit fes ordres avec cette confiance qui caractérifent fon génie. Dès le 10 Avril le Prince Maurice d'Anhalt-Deffau, qui commandoit un des corps détachés de l'Armée, n'étoit plus qu'à quatre lieues d'Egra. Pendant ce tems-là une autre armée fous les ordres du Prince de Brunswick-Bevern fe raffembloit en Luface, & fe trouvoit en état de donner la main au Maréchal de Schwerin, dont les troupes, après avoir occupé les Principautés de *Neiffe*, de *Munfterberg* & de *Schweidnitz*, devoient fe raffembler fur la gauche de la *Neiffe*, dans un camp entre la ville de ce nom & la forterefle de *Glatz*.

Ainfi depuis Egra jufqu'à *Neiffe*, toute la frontiere de Bohéme étoit environnée de troupes ennemies. Le Duc d'Aremberg du côté d'Egra, le Général Serbellony en tête du Maréchal de Schwerin, le Maréchal de Broune à *Budin*, n'avoient pû encore malgré toute leur diligence raffembler les troupes néceffaires pour s'oppofer à cette invafion. Le 18. Avril le Maréchal de Schwerin arrivé à

Lands-

Landshut déboucha en Bohéme par les gorges qui féparent la partie-inférieure de ce Royaume d'avec la Siléfie, & chaffa devant lui quelques détachemens peu en état de retarder fa marche. Cette invafion avoit pour objet de faire une diverfion, & d'attirer de ce côté, la plus grande partie des forces des Autrichiens.

Auffi pendant que le Maréchal de Schwerin s'avançoit du côté de la Siléfie, le Prince Maurice d'Anhalt entroit en Bohéme par les défilés du Voitgland, & par le cercle *d'Ellenbogen* ; & le Roi de Puffe, fecondé par les foins du Maréchal de Keith décampoit de *Lockowitz* & marchoit à la tête de trois colonnes.

Le Duc d'Aremberg dont les troupes couvroient Egra, arrèta les troupes du Prince Maurice, & obligea quelques uns de fes détachemens qui s'étoient poftés en avant, de fe replier fur le Voitgland, & de rejoindre le gros de l'armée à *Plauen* : cet habile Général fauva *Egra*, & difpofa tellement fes troupes depuis cette place jufqu'à *Joachimfthal*, qu'il fut impoffible aux Pruffiens de pénétrer plus avant de ce côté. Alors le Prince Maurice n'eut plus d'autre objet que de rejoindre la grande armée en côtoyant l'Eger.

Le

Le Prince de Bevern fut plus heureux.
Après avoir fait plusieurs mouvemens
pour en impoſer aux troupes Autrichiennes, il partagea les ſiennes en trois corps,
qui marchoient chacun par un chemin
ſéparé. Le 20 Avril ils ſe trouverent tous
les trois raſſemblés ſur les hauteurs par
deſquelles on débouche de la Luſace dans
le Cercle de *Buntzlau*, & le lendemain
ſe donna le combat de *Reichemberg*, entre
l'armée de ce Prince & le corps de troupes Autrichiennes, commandé par le Prince de Löwenſtein & le Comte de Lacy.
Ce combat, dans lequel les Pruſſiens furent d'abord repouſſés avec perte, coûta
environ 1000 hommes aux Autrichiens.
Les Pruſſiens n'ont eu garde de convenir de leur perte, & ils ont été les maîtres d'exagerer celle de leurs ennemis;
car ils demeurerent les maîtres du champ
de bataille, & s'emparerent de quelques
magaſins.

Le même jour que ſe donnoit ce combat, le Roi de Pruſſe quittoit *Lockowitz*.
Son armée marchoit ſur trois colonnes,
& ſuivoit la gauche de l'Elbe. Elle ſe
porta ſur *Coſta*, *Hellersdorff* & *Peterswald*;
pénétra en Bohéme par *Königswald*, &
delà s'avança à *Auſſig*, pour ſe porter du

côté de *Töplitz*, pendant que le Prince Maurice s'avançoit vers *Laun*, le Prince de Bevern fur l'Elbe vers *Leitmeritz*, & le Maréchal de Schwerin dans le Cercle de *Königsgrätz*, où le Général Serbellony n'étoit pas encore affez fort pour lui réfifter.

C'eft ainfi, que du 18. au 21. Avril, quatre armées entrerent à la fois en Bohéme. Le centre où ces lignes redoutables devoient aboutir, étoit la ville de Prague, dont le Roi de Pruffe fe regardoit déja comme le maître.

Le Duc d'Aremberg avoit été forcé d'abandonner la frontiere pour ne point être coupé par ce torrent rapide: il marchoit par le cercle de Rakonitz, & Mr. de Broune qui fentoit la néceffité de s'affurer la communication avec ce Général, s'étoit avancé au -devant de lui, de *Budin* à *Welwaren*. Le 27. les Pruffiens paffent l'Eger entre *Laun* & *Lobochowitz*, & s'avancent pour fe placer entre Prague & l'armée Autrichienne. Le Maréchal de Broune qui a deux objets, l'un de fe joindre au Duc d'Aremberg, l'autre de conferver fa communication avec Prague, remplit l'un & l'autre en fe portant à *Mikowitz*. Là fe joignirent les deux armées après des marches également honorables aux deux Géné-

Généraux, dont la prudence & l'activité triompherent des difficultés que le Roi de Prusse croyoit infurmontables.

D'un autre côté le Comte de Konigfegg toujours preffé par le Prince de Bevern, qui s'étoit auffi flatté de le couper, paffa l'Elbe & vint fe pofter à *Brandeifs*; en forte qu'il ne refta fur la droite du Fleuve que le Général Serbellony, toujours occupé à fuivre les mouvemens du Maréchal de Schwerin.

L'armée raffemblée à *Mickowitz* n'étoit pas encore affez forte pour arrêter celle du Roi de Prusse, qui avoit été jointe à *Linay* par le corps du Prince Maurice. Elle repaffe la *Moldaw* par les ordres du Prince Charles de Lorraine. L'aile gauche vient camper aux portes de Prague, & la droite en tirant vers *Brandeiff*, donne la main au Comte de Konigfegg, qui fe rapproche d'elle.

Les Pruffiens fiers de ces mouvemens qu'ils appellent une retraite, s'avancent & viennent le 2 & le 3 Mai fe placer fur la montagne Blanche, d'où ils découvrent Prague, tandis que le Maréchal de Schwerin vient lui-même camper à quatre lieues de cette capitale, proche de l'Elbe, & derriere l'armée Autrichienne.

Le 5 un détachement Pruffien fe porte
à *Seldtz*, & y établit des ponts fur la *Moldaw*. Le Roi de Pruffe à la tête de ce détachement joint l'armée du Marechal de
Schwerin qui avoit paffé l'Elbe, & prend
la réfolution le 6, d'attaquer l'armée Autrichienne.

Là fe donna cette bataille meurtriere,
qui a penfé décider du fort de la Bohéme, & peut-être de la liberté de toute
l'Allemagne. L'aile gauche des Autrichiens étoit appuyée à la montagne de
Ziska, & la droite vers *Sterboholi*. Le Roi
de Pruffe réfolut de tourner leur camp,
& fon armée défila par *Potfchernitz* en pre-
nant par la gauche. La manœuvre de l'armée du Maréchal Schwerin avoit obligé
la feconde ligne des Autrichiens à fe replier fur la premiere en forme d'équerre.
Le Maréchal de Broune qui s'apperçut du
mouvement ordonné par le Roi de Pruffe,
défila par la droite pour ne point fe laiffer
prendre en flanc. L'Infanterie Pruffienne,
après avoir paffé par *Bichowitz* & traver-
fé des marais & des défilés, attaqua vive-
ment l'aile gauche Autrichienne, & fût
repouffée avec la même vigueur.

La cavalerie Autrichienne qui étoit à
la droite, attaque pendant ce tems l'aile
gauche

gauche des Prussiens & la renverse sur la
seconde ligne. Là fut tué ce brave Maréchal de Schwerin, à qui le Roi de Prusse
a dû tant de succès, & qui disgracié après
la bataille de *Molwitz*, & rappellé depuis
parce qu'il étoit nécessaire, avoit à force
de services obligé son Maître à lui pardon-
ner sa réputation. Les Prussiens, malgré
cette perte, reviennent trois fois à la charge, & sont également culbutés. Alors
la seconde ligne tire elle - même sur les
débris de la premiere, pour l'obliger de
retourner au combat, & passe sur des tas
de morts & de blessés pour recommencer
l'action. Cette ligne est à son tour mise
en désordre : les Autrichiens se croyent
sûrs de la victoire, poursuivent l'ennemi,
lui prennent des canons , des drapeaux
& des prisonniers.

On combattoit avec un succès bien dif-
férent à l'aile gauche de l'armée Autrichienne. La redoutable infanterie des
Prussiens étoit revenue à la charge, & avoit
mis le désordre parmi les rangs qui lui
étoient opposés. Le Roi de Prusse s'ap-
perçoit alors de la même faute qui fit ga-
gner à ses troupes la bataille de *Dresde* en
1745. Il voit un vaste intervalle entre l'aile gauche des Autrichiens qui reculoit, &
l'aile

l'aile droite qui pourfuivoit les vaincus. Il
profite de ce vuide, y pénétre avec plufieurs colonnes, & conduit de la cavalerie
fraiche, deftinée à prendre par derriere la
droite de l'armée ennemie. Cette aîle juf-
ques-là victorieufe fe voit enveloppée de
tous côtés: le défordre & le trouble regnent
bien - tôt partout ; la terre eft couverte
de morts. Une partie de l'infanterie Autrichienne fe fait jour, rejoint la gauche
& fe retire avec elle en difputant le terrain
jufqu'à Prague. Le refte de l'armée forcé d'abandonner le champ de bataille, &
dans l'impoffibilité de fe rallier, fe retire
avec précipitation du côté de *Benefchau*,
où le 8 il fe trouva environ 16000 hommes raffemblés avec une partie du baga-
ge & toute l'artillerie de réferve.

Le Roi de Pruffe, n'avoit pas befoin de
faire imprimer des Differtations pour dé-
montrer qu'il avoit gagné cette bataille.
Perfonne ne lui a difputé cette victoire.
Quant à la queftion, de favoir fi les forces
de l'Impératrice Reine étoient abfolu-
ment détruites, le Maréchal de Daun l'à
décidée dans la fuite, d'une maniere qui
fouffre moins de réplique, que tous les
Mémoires des Ecrivains Pruffiens.

Il ne faut pas fe diffimuler, que cette
perte

perte jetta la confternation dans la Bohéme, & fit trembler pour fa capitale. Elle
recevoit une garnifon très-confidérable,
mais elle n'étoit pas en état de la nourrir
long-tems. Les Pruffiens animés par leurs
premiers fuccès, fe croyoient déja poffef-
feurs des richeffes de cette capitale. Le
blocus en eft bien-tôt formé. Les batteries font difpofées : le Roi de Pruffe ennemi des retards, ordonne de brûler, d'é-
crafer & de détruire.

Pendant ce tems, le Maréchal de Daun
qui avoit pris le commandement de l'armée, auparavant conduite par le Général
Serbellony, & à qui il avoit été impoffible
de joindre l'armée fous Prague, avoit raf-
femblé fes troupes à *Böhmifch-brod*. Il fe
replia fur le Camp de *Colin* pour y attendre les reftes de l'armée qui s'étoient réu-
nis à *Benefchau*, tant le corps de troupes légeres commandé per le Général Nadafti,
que différens autres renforts de cavalerie &
d'infanterie qui étoient en marche. Cette
armée fe fortifia & s'augmenta en peu de
tems; mais elle n'étoit pas encore en état
de marcher au fecours de Prague, & de
rifquer une feconde action.

Les marches & les contremarches de ce
Général, qui tantôt s'approchoit des fron-
tières

tiéres de la Moravie, tantôt paroiſſoit s'en
éloigner , faiſoient triompher les Pruſſiens. Le Prince de Bevern qui ſuivoit
cette armée, la regardoit comme battue
d'avance par la terreur des armes Pruſ-
ſiennes. Le Roi de Pruſſe faiſoit publier
chaque jour des Ecrits, dont l'objet étoit
de prouver que les Autrichiens s'étoient
mal défendus ; il ſembloit que le vainqueur conſentît à diminuer ſa propre
gloire, en inſultant à la prétendue foibleſſe
& au découragement de ſes ennemis.

Cependant chaque mouvement du Maréchal de Daun avoit un but. Ici c'étoit
une poſition avantageuſe dont il falloit
empêcher les Pruſſiens de ſe ſaiſir. Là c'é-
toit un corps de troupes dont il falloit fa-
voriſer la jonction : chaque marche des
Autrichiens groſſiſſoit leur armée , & le
dirai-je ? les Pruſſiens vainqueurs per-
doient tous les jours une foule de ſoldats
qui abandonnoient leurs drapeaux.

Le Roi de Pruſſe devant Prague, témoin plus d'une fois de la valeur des aſſié-
gés, n'en étoit pas moins ſûr de ſe rendre maître de cette capitale. Elle étoit
bloquée depuis le 8 Mai; & depuis que
les batteries avoient été établies, 10000
bombes, & plus de 20000 boulets rouges
avoient

avoient brulé & détruit une partie de cette ville infortunée. La garnifon & les habitans font reduits aux derniéres extrémités. Mais l'exemple des villes de Saxe, où le Roi de Pruffe étoit entré comme ami, les déterminoit à tout fouffrir, plûtôt que de l'admettre dans leurs murs comme leur vainqueur & leur maître. Encore quelques jours, la faim & le feu euffent délivré S. M. Pr. de fes ennemis, & lui euffent livré un amas de ruines fumantes & une foule de cadavres.

Déja le Roi de Pruffe fe croit en droit de parler en maître à toute l'Allemagne; il fe regarde comme affis fur les débris de la Maifon d'Autriche. De-là il l'infulte, il menace fes Co-Etats, il leur défend fous peine d'encourir fon indignation & de s'expofer à la rigueur de fes vengeances, d'obéir aux Loix de l'Empire, & de déférer aux invitations de fon Chef. Le ton de conftance & d'autorité avec lequel il parle; & plus que ce ton, fon pouvoir & fes fuccès en impofent au foible. On fait des vœux contre lui, mais on le craint & on fe tait.

Je l'ai dit, les fuccès de ce Prince en Boheme avoient leur terme marqué, & ce terme étoit le dernier période de l'Invincibilité dont il prétendit être en poffeffion.

Le

Le 13 du mois de Juin l'on vit ce qui s'est vû souvent, l'aveuglement & l'imprudence venir se placer tout naturellement à côté du mépris des loix & des outrages faits à l'humanité.

Le 13 du mois de Juin sur les 7 heures du soir le Général Major de Bornstadt, commandant à Dresde pour S. M. Prussienne, vient trouver la Reine de Pologne dans son Palais, & lui notifie avec respect l'ordre barbare qui la condamne à abandonner ses sujets, & à se bannir de ses propres Etats. La Reine surprise allégue la grossesse de la Princesse Royale, qui ne lui permet point de se mettre en voyage. M. de Bornstadt répond, que ses ordres sont positifs, précis, & inviolables. Enfin la Reine obtient à force de prieres, que l'on enverra un Courier au Roi de Prusse, pour lui faire des représentations sur l'état de la famille Royale.

Le 13 du mois de Juin le Général Major de Hauss, Commandant à *Leipsich*, se fait amener le Bourguemestre de cette ville, cinq des premiers Magistrats, & les deux plus fameux Négocians. Ils arrivent entourés de soldats. Quel est leur crime? l'impuissance totale dans laquelle leur ville s'est trouvée de fournir au Roi

de

de Prusse les 900000 écus qu'il leur a de-
mandés après les 620000 qu'elle a déja
fournis.   Pour punir ce crime d'un gen-
re nouveau, le Commandant les fait sai-
sir par des Gardes, & leur annonce que
par l'ordre de son très-*gracieux* Souverain,
ils vont être conduits à *Hall* & à *Magde-*
bourg. Ils rappellent au Commandant les
efforts qu'ils ont faits pour négocier cette
somme avec la Hollande & avec l'Angle-
terre; la perte de tout leur crédit que la
guerre a détruit; enfin le refus que le Directoire de *Torgaw* a fait de 100000 écus
que la ville de Leipsick a offerts à compte.
Mr. de Hauss garde le silence. Ses satellites
répondent pour lui.   Ces illustres captifs
font enlevés sur le champ; montent sur
un chariot à la vûe de leurs concitoyens
désolés, & partent pour leur prison. Arri-
vés, ils couchent sur la paille dans un corps
de garde. Le lendemain on les enferme
deux à deux dans un espéce de cachot hu-
mide. Les habitans de Magdebourg & de
Hall font touchés de pitié ; font eux-mêmes des représentations au Gouverneur,
qui les fait transferer dans d'autres cham-
bres; où le peuple plus humain que ses
Maîtres s'empresse de leur porter des
meubles.

C   Le

Le 13 du mois de Juin les Généraux
Pruſſiens envoyent des détachemens dans
pluſieurs terres de la Saxe pour y enlever
les principaux membres du Corps de No-
bleſſe, qui n'a pû fournir les 600000 écus
qu'on exige d'elle.

Enfin le 13 du mois de Juin le Roi de
Pruſſe prend une reſolution qui doit
rendre inutiles toutes ſes conquê-
tes. Prêt à ſe rendre maître de Prague, il oublie que cette Capitale ne peut
être ſauvée que par un combat. Il part
lui-même pour aller l'offrir au Maréchal
de Daun.

Voilà dans le même jour, trois énormes
injuſtices, & une imprudence dont les ſui-
tes vont ſauver Prague, la Bohême &
l'Empire.

Quel eſt l'homme, qui témoin des excès
auxquels ſe portoit alors S. M. Pr., n'eut
fait des vœux pour voir flétrir ſes lauriers, & pour délivrer Prague qu'il étoit
ſur le point de piller? Mais comment arrêter ce Conquérant? Le Maréchal de
Daun a fait des marches ſavantes; il a
groſſi ſon armée: mais le Prince de Bevern
à la tête d'une Armée Pruſſienne eſt toujours devant lui. Ce Général eſt trop habile pour ignorer qu'il ne faut point ici
riſquer

rifquer une Bataille, & commettre au hazard
d'un moment le fuccès d'une Campagne, que
quatre jours de patience peuvent terminer fi
avantageufement. Il doit donc fe borner à
arrêter l'armée Autrichienne, à la harceler
dans fa marche, à mettre chaque jour quelque obftacle à fes opérations. En un mot,
pouvant être à tout moment fortifié par des
détachemens de l'armée qui eft devant Prague,
le Prince de Bevern doit au moins fe contenter
d'attendre les Autrichiens, & fe retrancher de
maniere à ne pouvoir être forcé de leur livrer
le paffage. Voilà, ce que la prudence dicte,
& voilà ce qui faifoit défefperer du falut de la
Bohéme.

Mais le Vengeur de la Majefté des Rois &
des droits de l'humanité en a décidé autrement.
Un ordre plus puiffant & plus sûr que ceux de
S. M. Pr., a prononcé fur le fort de Prague.

Le Roi de Pruffe part à la tête d'un déta-
chement: il obéit à cet ordre qu'il ne connoit
point: il femble conduit par une main invi-
fible, & il croit ne fuivre que l'ardeur de fon
courage. Il marche à fa perte, & il croit déja
triompher de fes ennemis.

Je n'entrerai point ici, dans le détail de la
fameufe journée (a) de *Chotemitz:* on a vû
dans les Gazettes publiques avec quelle ardeur

C 2   &

(a) 18 Juin 1757.

& avec quel feu terrible d'artillerie les Pruſſiens furent repouſſés. La Bataille qui com-
mença à deux heures dura juſqu'à huit, &
leur couta plus de 10000. hommes reſtés ſur
le champ de Bataille. Six fois les Pruſſiens reviennent à la charge avec une nouvelle vigueur. Six fois renverſés les uns ſur les autres, ils ſont précipités de la hauteur qu'ils
veulent franchir. Alors le Roi de Pruſſe ne
ſe connoit plus. Il ſemble vouloir hâter lui-
même & completer ſa ruine; ſon Infanterie
eſt en déroute, elle n'a pû forcer une armée
rangée ſur une montagne eſcarpée & défendue
par les plus redoutables batteries; il croit que
ſa Cavalerie attaquera avec plus d'ordre & de
ſuccès, & il la conduit au carnage. Bientôt
des ruiſſeaux de ſang coulent à travers les défilés qui environnent le Champ de Bataille. Les
chevaux en fuyant foulent aux pieds une
multitude de bleſſés: l'horreur regne par tout,
& eſt augmentée par les acclamations des vainqueurs & par les cris des mourans. Ce phan-
tôme de gloire que le Monarque adoroit, s'é-
vanouit à ſes yeux. Il eſt obligé de ſe retirer
lui-même, entrainé par ſes ſoldats que ſa voix
ne peut rallier.

Les reſtes de ſon armée pourſuivis par les
troupes légeres, ſont obligés de ſe partager;
il veut envain en raſſembler quelques débris

à *Nim-*

à *Nimbourg*. Bientôt un foin plus important l'occupe. Il craint cette Garnifon de Prague pour laquelle il a jufques - là affecté tant de mépris. Il va donner fes ordres pour la levée du Siége. Déja la victoire des Autrichiens eft fçuë dans cette Ville aux abois. Le Maréchal de Keith fe difpofe à abandonner fes poftes. Le Prince Charles à la tête de fes troupes fort, l'attaque, le bat, le met en fuite. Le brave Maréchal de Broune, prêt à expirer des bleffures honorables qu'il a reçues fous les murs qu'il a défendus, apprend la fuite des Pruffiens, bénit le Ciel, & meurt content. Des cris de victoire fe mêlent aux voix qui pleurent ce Héros.

Ces fuccès, ont produit des larmes de joie dans Vienne. J'aime à voir une augufte Souveraine aller elle-même annoncer à l'Epoufe de fon Général d'Armée, la victoire qu'il a remportée, & la féliciter fur la gloire du Vainqueur.

Nous, qui fans intérêt particulier ne faifons des vœux que pour la tranquillité publique & pour le bonheur général des hommes, détournons bien vite nos yeux de ce cruel fpectacle, qui autour d'une Ville à demi-ruinée, nous repréfente des milliers de victimes immolées au foupçon prétendu d'un feul homme. La plus belle victoire eft toujours une playe funefte à l'humanité. Portons nos vues fur l'avenir. L'Allemagne devroit aujourd'hui refpirer. Si le Roi

de

de Pruſſe n'a pû écraſer ſur le champ un des
Principaux Membres de ce vaſte Corps, trop
de Souverains ſont aujourd'hui intéreſſés, non
à détruire cet ennemi de la paix, mais à lui
lier les mains. Le bonheur l'a aveuglé : il eſt
doüé de trop de lumiéres, pour ne pas reve-
nir à des ſentimens de modération, d'humanité, & de juſtice. Cette haute réputation qu'il
s'eſt acquiſe dans l'Europe, porte ſur des fon-
demens bien foibles, puiſqu'elle tient à ſes
ſuccès ; qu'il cherche à lui donner un autre
appui : qu'il ſoit juſte, qu'il aime les loix de
ſa Patrie, qu'il en devienne le ſoutien, qu'il
gouverne en pere, & conformément à ces loix
des Peuples qui n'ont encore vû en lui qu'un
maître ſévére. Qu'importe après cela au bonheur de l'Allemagne, je dirois preſque qu'importe à lui - même, que les bornes de ſes Etats
ſoient plus ou moins étendues : le plus petit
Royaume peut être gouverné par un Grand
Roi.

Les Muſes n'ont pas manqué de celebrer à
l'envi le triomphe des armes de S. M. l'Imperatrice Reine, & même au milieu de l'Allemagne une Muſe Françoiſe l'a fait par ces vers :

FREDERIC eſt vaincu, & tu triomphes ô Reine :
  La Victoire aujourd'hui s'echappe de ſa Chaine,
Vois tes fiers ennemis à tes pieds abbattus,
Et les Lauriers enfin couronner tes vertus.

Qu'eſt

Qu'eſt devenu ce Roi, dont l'ardeur téméraire
Envahiſſait déja l'empire de la Terre;
Qui follement enflé de ſes premiers ſuccès,
Défia l'Univers d'arrêter ſes progrés;
Et du Sort ſe croiant & l'Arbitre & le Maître,
Crût pour nous écraſer, qu'il n'avoit qu'à paraître.
Je l'ai vû déploier ſes Bataillons nombreux,
Les ranger, les former d'un oeil préſomptueux:
Contempler notre Armée, & leur montrant leur
                    proie,
Leur inſpirer l'eſpoir, & la Rage & la joie.
DAUN à ces mouvements, juge d'un oeil certain
L'art de ſon ennemi, ſon objet, ſon deſſein;
Renforce le flanc droit que ſon effort menace,
Et par ſa prévoiance affermit notre audace;
Cent Gouffres enflammés bien-tôt de toutes parts
Jonchent de Corps ſanglants les Campagnes de
                    Mars.
L'ennemi marche à nous, on l'attend de pied
                    ferme;
Il s'approche, on le charge: & c'eſt ici le terme,
Choiſi par l'équité, marqué par la valeur,
Pour vaincre FREDERIC, & dompter ſon
                    bonheur.
O REINE! quels Craions pourraient tracer
                    l'esquiſſe
De ce que tes Guerriers ont fait pour ton ſervice;
Le Fer, le feu, le ſang repandu ſur leurs pas,
Ne font pas un moment ſourciller tes ſoldats.
Dociles aux Héros, qui leur ſervent de Guides,
Ils deviennent rivaux de leurs Chefs intrepides.
Chacun inebranlable, attentif & ſoumis,
Meurt ſatisfait, s'il meurt ſur un tas d'ennemis.
DAUN, au ſein des dangers d'un front ſûr &
                    paiſible,

                    C 4   Anime

Anime la bravoure & la rend invincible.
Cohortes de Puebla, temoins de vos exploits,
Ses yeux vous ont vu suivre & l'exemple & la voix
Du brave Esterhazy; seconder son courage,
Dans les rangs Prussiens vous ouvrir un passage,
Poursuivre, renverser des Bataillons entiers.
C'est là que de mon sang j'arrosai vos lauriers;
Tribut qu'avec plaisir je paie à la victoire,
Toujours prêt à l'offrir au prix de tant de Gloire.
Sept fois nos ennemis ont redoublé leurs coups,
Et sept fois renversés, ils ont fui devant nous.
Nous triomphons, tout plie; & cette Armée
                    altière,
Qui portait la terreur, se perd dans la poussière.
DAUN enfin, le premier, au champ de Krichenau,
A l'aveugle fortune arrache le bandeau:
Ferme dans le danger, pénétrant, sage, habile,
Il commande en Nestor & combat en Achille.
Vous que la Gloire seule amène en ces climats,
Généreux Etrangers, vous suivites ses pas;
Près de lui deux Français, en prodiguant leur vie,
Scellerent de leur sang l'honneur de leur patrie.
Tout tombe autour de lui, lui-même il est blessé!
Mais pour notre bonheur, le trait est emoussé.
Tu conserves sans doute, ô Maitre du tonnerre,
Un Héros à la REINE, un Vangeur à la Terre?
La honte sur le front, la rage dans le Cœur
FREDERIC avec peine échappe à son Vainqueur:
Il fuit enfin ce Roi, qui forgeait nos entraves,
Et déja nous comptait au rang de ses esclaves.
Monarque ambitieux, fleau de l'univers,
Rappellant tes succès, fremis de tes revers!
Et si de ton bonheur nous fumes les Victimes,
C'est que Dieu par ta main voulait punir nos
                    crimes.

                                        Mais

Mais fonge que ce Dieu, jufte en fes châtiments,
Quand il eft fatisfait pardonne à fes enfans;
Qu'il n'eft pas inflexible; & que dans fa Clemence,
Il brife l'inftrument qui fervit fa Vangeance. (*)

*   *

Le Roi de Pruffe s'eft montré dans cette
occafion auffi fuperieur aux Evenemens
que fon génie l'eft à celui de la plûpart des
hommes. Après le feptieme affaut acharné
qu'il fit faire aux Batteries formidables dont
étoient heriffées les hauteurs où les Imperiaux
étoient poftés, il vit qu'il ne pouvoit reuffir
dans fon projet. En effet la Cavalerie Autrichienne, qui faifoit le centre de l'Armée
du General Daun, avoit profité du vuide laiffé
entre les deux aîles de l'Armée Pruffienne, &
avoit entamé les Flancs. Les Saxons,
qui fe trouvoient en nombre parmi les Pruffiens, voyant les Autrichiens prêts à triompher, fe fervirent de leurs Armes pour favorifer
leurs amis. Le Roi de Pruffe voyant donc
fon Armée entiérement defaite, il la fit reti-

C 5   rer,

(*) L'Auteur de ce Poëme, Mr. GAUBIER DE
BARREAU, a eu part à cette journée fi glo-
rieufe pour les Armes Imperiales. Il étoit Volontaire auprès du General Efterhazy, & a vou-
lu faire un Effai de fa Verve dans cette occafion. On ne doit donc point s'étonner de
la vivacité de quelques unes des fes expreffions,

rer, & laiſſa au brave Prince de Beveren le
ſoin d'en rallier les debris. Frederic, peu
déconcerté de ce Revers, ſe rend auſſitôt lui-
même en perſonne aux environs de Prague,
pour prévenir la Nouvelle de ſon déſaſtre.
Ayant fait envain à ſon arrivée ſommer la Place
il donna les ordres néceſſaires pour la retraite
la plus honorable poſſible pour les troupes
qui avoient fait le Siége & le Bombardement
de cette Ville pendant un mois & demi.
Il ſauva par là deux Corps conſiderables, celui du General Keith qui amuſa le Prince
Charles & couvrit la Saxe, & l'autre qui fa-
voriſa la Retraite des Débris de la Bataille
de Planian, Krichenau ou Chotemitz; car on
donne ces trois differens noms à cette journée. Pendant que ce Prince infatigable,
travailloit ainſi à ſe ſauver de la Boheme,
il n'oublioit point que les Ruſſes d'un côté &
les Suedois de l'autre avançoient pour tomber
dans ſes propres Etats: il mit tout l'ordre poſſible pour leur tenir tête.

En même tems il penſa à toutes les meſures neceſſaires, pour empêcher l'Execution du
du projet de l'Armée combinée de l'Empire &
des troupes Auxiliaires de France, qui devoient le forcer d'évacuer la Saxe. Il ſe rendit
dans cet Electorat avec un Corps de troupes;
il prévint même ces deux Armées avant qu'elles

les fuſſent raſſemblées, & les obligea de re-
culer d'Erford juſqu'à Eiſenach. Il vint juſqu'à Gotha, & ne ſe retira que lorsqu'il ſçut
que l'Armée combinée s'avançoit en force ;
encore n'abandonna-t'il Erford qu'après avoir
forcé cette Ville Imperiale, de ſe racheter par
une Somme de deux cent mille Ecus, & entraî-
na avec lui tout ce qu'il a pû raſſembler de
jeuneſſe capable de recruter ſon Armée, comme il le fait partout où ſes armes peuvent
lui en donner le pouvoir.

Après pluſieurs tentatives d'attirer l'Armée
combinée juſqu'à la plaine de Lutzen, fameux
par la Bataille où Guſtave Adolphe, Roi de
Suede, perdit la vie, le Roi de Pruſſe ſe retira à Leipzig, & partagea ſes troupes en
Cantonnemens. Il paroît qu'il voulut par-là
engager celles de l'Armée combinée à faire
des manœuvres dont il pût profiter. Mais
l'Expedition de Monſieur de Haddik à Berlin, où ce General Autrichien ſçut ſe faire
payer en huit heures de tems une retribution
conſiderable, engagea le Roi de Pruſſe à marcher au ſecours de ſa propre Reſidence.

Si jamais la guerre s'eſt faite en Poſte, c'eſt
ſurement cette fois-ci que cela peut ſe dire
dans la verité la plus exacte. Le 15. d'Octobre le General Haddik avec 4. mille hommes
ſe trouve à Berlin, ſans qu'aucun Pruſſien s'y
                                        ſoit

ſoit attendu. Frederic apprend le coup, & en
3 jours un Corps de ſes Troupes vole de Leipzig à Berlin * ; le Roi lui même ſe transporte
avec autant de promptitude, à la tête d'un autre Corps, à Juderbach ; le Prince Henri ſon fre-
re, avec un troiſieme Corps à Torgau ; pendant
que le Prince Ferdinand de Brunswich obſer-
ve le Duc Richelieu avec un quatrieme Corps
à Magdebourg. Il ne reſtoit que les troupes
commandées par le General Keith, & la petite Garniſon de Leipzig, pour tenir tête à l'Armée combinée. On a crû que le Roi de Pruſſe
étoit très bien informé, que l'Armée combinée
ne profiteroit pas de ſon abſence & de celle
de toutes ces troupes, pour qu'il eût eu à
craindre l'aſſaut de Leipzig : auſſi ne ſe paſſa-
t'il rien de remarquable pendant ce tems-
là. Il eut le tems juſqu'au 27. Octobre de
raſſembler comme il voulut ſes cinq differens
Corps de troupes dans les murailles de cette
Ville, pour les refaire de leurs fatigues. Cette malheureuſe Ville, qui n'a qu'une demie
lieue de circonference, fut obligée alors de
loger & nourrir tant de milliers de gens de
guerre, ſans qu'elle pût recevoir aucuns vivres du dehors, le Roi ayant fait fermer toutes les avenues, pendant tout le tems qu'il a
trouvé à propos de faire prendre du repos
& des forces à ſes gens. On logea 15, 30,
50,

* Diſtance de 20 milles d'Allemagne.

50, 70, 80, & jufqu'à 94 hommes, dans
une feule maifon, à qui il falloit encore donner à boire & à manger tant qu'ils en exi-
geoient, & deux bons gros par jour pour les
menus plaifirs. Les vivres & la boiffon étants
devenus par là d'une telle cherté, qu'une partie des denrées neceffaires ont valu dix fois
plus qu'à l'ordinaire, les habitans ne purent
plus y fournir, & furent obligés de fe ra-
chetter en donnant 8. 10. 12. bons gros ou 2
livres de France par jour pour chaque homme,
fans parler de ce qu'il a fallu faire pour les
Officiers, chacun felon leur rang. Dans les
Villages, les habitans ont été tellement ruinés, qu'il ne leur refte plus rien de transpor-
table. Pour achever la ruine de la Ville, on
lui a enjoint de payer en peu de tems fix cent
mille Ecus, fous peine d'une nouvelle exécu-
tion militaire.

Après avoir pris ainfi tranquillement fes ar-
rangemens, le Roi de Pruffe détacha quelques
Corps de troupes, même jufqu'à Weiffenfels,
pour faire des allertes à l'Armée combinée,
partagée en differents cantonnements, qui fe
mirent là-deffus en mouvement & fe raf-
femblerent vers le commencement de Novembre, & après quelques Efcarmouches fe
poftérent proche Lauchfted de la maniére que
le Roi de Pruffe l'avoit fouhaité. Il les attaqua

le 4, ou plutôt il ne se fit ce jour-là
qu'une Canonnade de peu d'effet, à moins
qu'on ne veuille prendre pour réelle la petite
retraite qu'il a trouvé à propos de faire, pour
préparer les Voyes à l'Action qu'il savoit de-
voir se passer le lendemain. Le Prince de
Soubize avoit pris ses mesures pour envelop-
per le Camp Prussien dès le même soir, mais
il n'en fut pas le maître, & on l'obligea, pour
des raisons qu'on ne dit pas, de ne faire cette manœuvre que le lendemain après-midi.
Le Roi de Prusse avoit masqué son Artillerie en
attendant à l'affut l'Armée combinée, comme
une proye qu'on lui livroit, & laissa defiler
tranquillement cette grande Armée, jusqu'à ce qu'il pût la prendre à son plus
grand avantage, comme il fit, en faisant tout
à coup un feu d'enfer sur les François, &
tombant aussi-tôt au milieu d'eux, de maniè-
re, qu'en trois quart d'heures de tems l'Armée combinée se trouva en désordre, surtout
l'Armée de l'Empire, qui se débanda par
petites parties. Le Prince de Soubize ras-
sembla bientôt jusqu'à 25. mille hommes,
qu'il fit avancer vers Mülhausen, où autrefois le Roi Auguste II. Electeur de Saxe
fit le Campement dont la magnificence a rem-
pli l'Europe d'étonnement. Le General François fit d'ailleurs toutes les dispositions qu'on
                                                    pouvoit

pouvoit attendre de lui dans des circonstances aussi étonnantes ; & il eut soin d'abord après la Bataille, d'envoyer vers le Roi de Prusse, pour convenir touchant l'enterrement des morts & du soin des Blessés. Les débris de l'Armée de l'Empire se sont rassemblés vers Meinungen.

Cette Bataille a coûté plus de monde de part & d'autre qu'on ne peut l'attendre du peu de tems qu'elle a duré. Les François ont vendu chèrement cette Victoire au Roi de Prusse, qui ne l'a que peu ou point poursuivie. Ayant reçu avis de la marche d'un gros Corps de Troupes Autrichiennes qui paroissoit vouloir entrer en Saxe, il ne laissa que le General Keith pour couvrir l'Electorat de ce côté-ci, & se rendit à Leipzig avec la plus grande partie de son Armée. Cette Campagne merite d'être décrite aussi circonstantiément, que l'est l'*Histoire de la Campagne de 1757 au Bas Rhin, dans l'Electorat d'Hanovre & autres Pais conquis.*

A V I S.

Chez les mêmes Libraires se trouve le Plan détaillé des Environs de Prague & de la Bataille qui y fut livrée le 6. Mai 1757. *Où l'on voit distinctement la position de l'Armée du Prince Charles le 2.; sa position le 3.*

D 2 *sur*

*sur la Montagne de Ziska, defendue par 3. Bat-
teries formidables ; la Pofition de l'Arm[ée]
Pruffienne le 3 & 4 vers Podabha & Seldr[a]
où elle paffa la Moldau le 5. fans prefqu'aucun[e]
oppofition de la part des troupes poftées [à]
l'autre côté pour l'empêcher. La jonction
de l'Armée commandée par le Roi d[e]
Pruffe avec celle du Marechal de Schwerin,
vis-à-vis de celle du Pr. Charles, qui fe retir[e]
avec perte de fes 3. Batteries avançées, tandi[s]
que le M. Schwerin s'avance fur l'aile droit[e]
commandée par le Comte de Broune ; lequel,
après un carnage acharné de 3. heures, fe voiant
par l'approche du Roi de Pruffe mis entre deux
feux, & abandonné de l'aile gauche & même du
Corps de referve, fut obligé de ceder le Champ
de Bataille. On voit encore dans cette carte la
manœuvre inutile du General de Keith, pour
paffer la Moldau derriere l'Armée Autrichienne ; & la pofition des Batteries qui ont fervi
au Bombardement.*

*2. Le Plan de la Bataille de Lobefchütz, où la pofition
des deux Armées eft diftinctement repréfentée.*

*3. La Carte détaillée de l'Amérique feptentrionale,
où les Pretenfions des Anglais font marquées.*

*4. Le Plan diftinct du Camp de Pirna, &
des environs par rapport à la retraite de l'Armée
Saxonne &c.*

*Les Portraits de l'Imperatrice Reine, & du Roi
de Pruffe ; & ceux des Rois Louis XV. &
George II. in 8vo, pour être joints aux Memoi-
res pour fervir à l'Hiftoire de notre Tems.*

NB. Chaque Plan & chaque Portrait fe vend 12 kr.

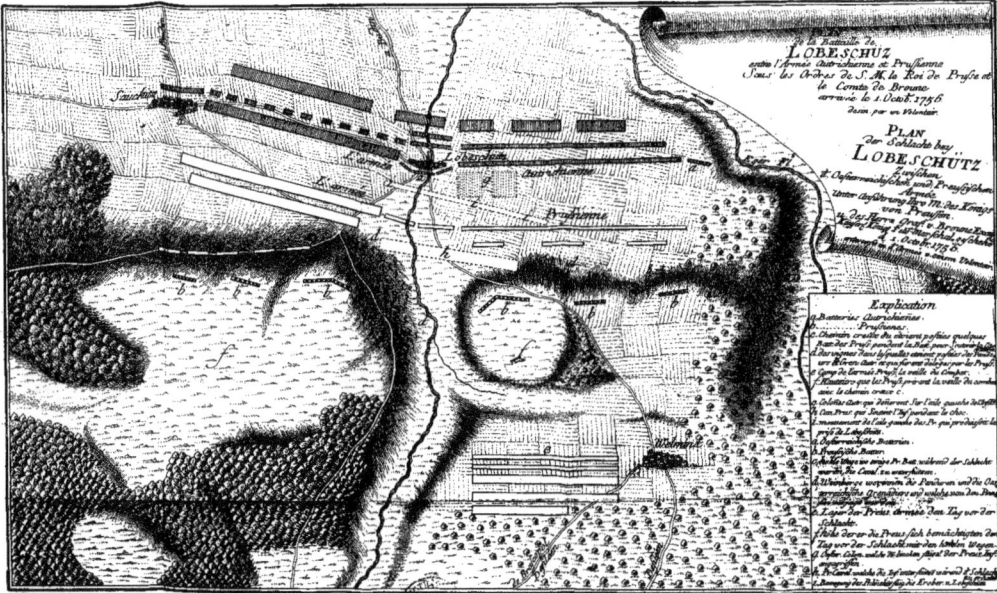

La Bataille de
LOBESCHUZ
entre l'Armée Autrichienne et Prussienne
Sous les Ordres de S. M. le Roi de Prusse et
le Comte de Browne
arrivée le 1. Octob.ᵉ 1756
Dessin par un Volontair.

PLAN
der Schlacht bey
LOBESCHÜTZ
zwischen
der Oesterreichischen und Preussischen
Armée.
Unter Anführung Sr. M. des Königs
von Preussen

Explication
a. Batteries Autrichiennes
Prussiennes.